AF460619

MONSIEUR JAUNAS,

COMÉDIE-PARADE

EN UN ACTE, MÊLÉE

DE VAUDEVILLES.

PAR M. HENRION ET Mme. OLYMPE.

Représentée pour la première fois, à Paris sur le Théâtre des Jeunes-Artistes, le 8 *Thermidor* AN XIII.

PARIS,

Chez Mme. MASSON, Libraire, Éditeur de Pièces de théâtre, rue de l'Échelle, N°. 558, au coin de celle Saint-Honoré.

AN XIII. — 1805.

PERSONNAGES.	ACTEURS.
M. SCRUPULE, *Maître Tailleur.*	M. LIEZ.
Mme. SCRUPULE, *son épouse.*	Mme. VAUTRIN.
MADELON, *leur nièce.*	Mlle. ÉLOMIRE.
JAUNAS, *caricature, habillé en jaune, des pieds à la tête, Courrier, et Marchand de terre jaune.*	M. ROBERT.
CHARLES, *son neveu, employé aux messageries.*	M. LEFÉVRE.
PIQUANT, *Md. d'Aiguilles.*	M. D'OUVRY.

La Scène se passe à Paris, chez Monsieur Scrupule.

AVIS.

Il n'y a d'édition avouée par l'Auteur, que celle dont les exemplaires sont signés par l'Editeur. On poursuivra les contrefacteurs, conformément à la loi.

Nota. La musique se trouve à Paris, Chez M. GILBERT, au Théâtre Montansier.

MONSIEUR JAUNAS,

COMEDIE-PARADE.

Le théâtre représente un Salon, sur le devant une table couverte d'un tapis, deux portes latérales, un portrait de femme sur la droite.

SCÈNE PREMIÈRE.

Mme. SCRUPULE, *seule.*

HUIT heures du matin, et Madelon n'est pas encore rentrée..... Oh c'est abuser de ma complaisance!.... Il n'y a pas de bal qui tienne; il faut que cela change... Le plus sûr moyen, c'est de la marier..... Oui, mais marier une fille qui s'expose à faire parler d'elle, c'est difficile.

Air : *Vaudeville de l'Opéra comique.*

Tous les hommes craignent en nous
La légéreté du jeune âge ;
Il faut, pour trouver un époux,
Qu'une fille se montre sage ;
Que la raison fasse à bon droit
Briller le printems de sa vie ;
Et que le mariage soit
Sa première folie.

Quand M. Scrupule m'épousa, jamais la médisance n'avait terni ma réputation!...... Il y a de cela vingt-cinq ans.... Mais... j'entend quelqu'un.... Ah! c'est Madelon.

SCÈNE II.

Mme. SCRUPULE, MADELON.

MADELON.

Bonjour ma tante; ah mon dieu, j'ai bien peur de vous avoir fait veiller tard.

Mme. SCRUPULE.

Vous m'avez mise dans une inquiétude.

MADELON.

Et pourquoi ma tante.... Je n'étais pas seule; vous savez que la voisine qui m'accompagnait est une dame très-respectable....

Mme. SCRUPULE.

Je vous avais recommandé de rentrer avant minuit.

MADELON.

Je n'ai pas entendu sonner l'heure....

Mme. SCRUPULE.

Me faire passer une nuit blanche!

MADELON

Elle était cependant bien noire....

Mme. SCRUPULE.

Si vous voyez comme vous êtes pâle et défaite, vous n'auriez plus envie de retourner au bal!.... Vous êtes bien loin d'avoir ce matin la fraicheur de ce portrait, auquel tout le monde trouve que vous ressembliez.

MADELON.

C'est pourtant bien étonnant, ma tante, que votre portrait me ressemble.

Mme. SCRUPULE.

J'avais votre âge lorsqu'on le fit : votre mère était ma sœur jumelle, et il y a toujours eu beaucoup d'amitié et de ressemblance entre nous deux.... Elle n'allait pas au bal, elle.....

MADELON.

Mais quel mal y fait-on?

Mme. SCRUPULE.

Air : *Vaudeville de M. Guillaume.*

A mon avis
Au bal on n'est pas sage.
Quels préceptes y sont suivis!
Dos à dos j'y vois un ménage,
Et des amans en *vis à vis*.
Maint créancier au fat est prêt à nuire.
Sans pudeur il le fait *chasser*.

MADELON.

Que d'ennuyeux on devrait y conduire
Pour les faire *valser*.

Mme. SCRUPULE.

Et puis on y fait des connaissances!

MADELON.

Vous vous en souvenez ma tante.

Mme. SCRUPULE.

Oui, mademoiselle, je m'en souviens.

MADELON.

Vous y avez donc été ?

Mme. SCRUPULE.

J'y allais avec ma mère, et c'est là que j'ai connu M. Scrupule, mon mari.... Mais ce n'est pas une raison pour que vous y alliez si souvent.

MADELON.

Air : *Il ne vient pas* (du Secret)

A tous vos ordres me soumettre
Fut toujours mon intention ;
Cependant, veuillez me permettre
Une simple réflexion.
Au bal, pour remplir votre attente,
Je ne fais point de favori ;
Mais aussi, comme vous, ma tante,
Je puis y trouver un mari.

Mme. SCRUPULE.

En attendant, vous feriez mieux d'aller vous reposer...

MADELON.

Vous savez bien que j'ai de l'ouvrage..... Cette robe qu'il faut finir.....

Mme. SCRUPULE.

Et vous n'avez pas déjeûné ; allons, je vais vous chercher une grande tasse de café.

MADELON.

Vous êtes trop bonne, ma tante.

Mme. SCRUPULE.

Je le sais bien.

(*Elle sort*).

SCENE III.

MADELON, *seule*.

Elle m'aime, la chère femme !... Ah mon dieu ! que d'aventures à ce bal... Eh bien oui ! dormir.... Et ma correspondance..... Il faut que j'écrive à Charles..... J'aurai toujours le tems de finir mon ouvrage..... Il faut bien un peu s'amuser dans ce monde.... Par exemple, j'ai eu une bien bonne idée pour ne pas me compromettre. Charles me tourmentait pour savoir mon nom, je lui ai donné celui de ma tante, en ajoutant que j'étais veuve, et que je demeurais chez un beau frère bizarre et ridicule. S'il va parler quelque part des attraits et de la fraicheur de madame Scrupule, on lui rira au nez ! Ce sera tout-à-fait drôle! mais si ma petite ruse allait se découvrir.... Une autre s'en allarmerait, mais moi....

Air : *Contredanse de la Rosière.*

Rien ne me chagrine,
Toujours je badine,
Je ris, je lutine
Un timide amant;
Lorsque je l'écoute
Pour moi, l'on s'en doute,
L'amour qu'on redoute
N'est pas un tourment.

De ma tournure,
De ma figure,
De ma parure,
L'on est enchanté;
Car la toilette
Un peu coquette
Rend plus parfaite
Même la beauté.

Aux femmes en France,
La triste constance,
La persévérance
N'offrent nul appas;
Le plaisir m'appelle....
Pourquoi, jeune et belle,
Serai-je fidelle?
L'homme ne l'est pas.

De la tendresse
Goûtons l'ivresse;
De la jeunesse
Tirons quelque fruit.
La beauté passe,
Elle s'efface,
Et suit la trace
Du tems qui s'enfuit.

Aussi la tristesse,
L'austère sagesse,
Qui pleurent sans cesse,
Ne sont qu'une erreur;
Pour charmer la vie,
Vive la folie;
Ma philosophie
Conduit au bonheur.

SCÈNE IV.

MADELON, Mme. SCRUPULE.

Mme. SCRUPULE.

Tiens, mon enfant, voilà ton déjeûner.

MADELON.

Ah! merci, ma tante.

Mme. SCRUPULE.

Je t'avertis que mon mari me suit.

MADELON.

Je compte sur votre discrétion.

Mme. SCRUPULE.

Soit aussi discrette que moi; chut, le voici.

SCÈNE V.

LES MÊMES, SCRUPULE.

SCRUPULE.

Bonjour, Madelon, eh bien tu as bon appetit, ce matin.

MADELON.

C'est vrai, mon oncle.

SCRUPULE.

Apprènds une grande nouvelle, mon enfant, je vais te marier.

MADELON.

Quoi! mon oncle..... (*à part*) Ah, mon dieu, et Charles!

SCRUPULE.

Oui, mon enfant, je te marie pour deux raisons; la première c'est qu'il est tems, et la seconde c'est que j'ai trouvé un aimable garçon qui te convient, et que tu as vu souvent ici.

Mme. SCRUPULE.

Ah! je devine..... C'est un parti fort convenable.... Il m'a déjà parlé, et je voulais instruire ma nièce de son amour.

SCRUPULE.

Je suis bien aise que nous soyons d'accord, mon petit chou?

MADELON, *à part.*

Il est vrai que cela n'arrive pas souvent. (*haut*) Qui donc voulez-vous me donner pour époux, mon oncle?

SCRUPULE.

C'est M. Piquant, le marchand d'aiguilles

MADELON.

Je n'en veux pas.... Il est plus laid que le hibou qu'il porte sur sa boutique.

SCRUPULE.

Ah! ah! mademoiselle.....

Mme. SCRUPULE.

Mais elle a raison, mon mari.

SCRUPULE.

Je vais vous prouver qu'elle n'a pas raison! Et cela par deux raisons! La première c'est qu'elle a tort.

Mme. SCRUPULE.

Mais ce n'est pas là l'homme qui lui convient.

SCRUPULE.

Cependant, ma colombe, vous disiez.....

Mme. SCRUPULE.

Je croyais que vous vouliez parler de M. Jaunas, ce courrier qui vient ici très-souvent.

SCRUPULE.

Monsieur Jaunas.

MADELON.

Moi épouser cet homme là?... Vous vous êtes donné le mot, tous deux, pour me désespérer...... Mais il n'en sera rien ... Je ne veux ni de votre Piquant, ni de votre Jaunas; ces gens-là ne sont pas faits pour moi, et quand on a eu de l'éducation, il faut garder son rang.

SCRUPULE.

Il me semble pourtant qu'un marchand d'aiguilles et une couturière se conviennent à merveille, pour deux raisons.

Mme. SCRUPULE.

Ecoutez donc, mon mari! Monsieur Jaunas, courrier, employé dans les messageries, portera dans les départemens les ouvrages de sa femme.

SCRUPULE.

M. Piquant lui fournira des outils pour travailler; ce sera une grande économie.

Mme. SCRUPULE.

M. Jaunas lui fera bien vendre ses ouvrages; ce sera un revenu certain.

MADELON, *avec fermeté.*

Mais, mon oncle et ma tante, est-ce pour vous ou pour moi que vous choisissez un mari Je crois que la première chose est de savoir s'il me convient.

Mme. SCRUPULE.

Mme. SCRUPULE.

Air : *J'arrive à pied de province.*

Le courrier dans sa tendresse
Est vraiment
Pressant.

MADELON.

Eh bien s'il a tant de presse
Qu'il courre devant.

SCRUPULE.

Sans m'opposer des vétilles
On m'obéira.

MADELON.

Mon dieu non,
Jamais le marchand d'aiguilles
Ne m'en fournira.

SCRUPULE.

Je vois qu'il faut user de mon autorité, écoutez, mademoiselle Madelon, vous aurez 12,000 liv. de dot en donnant votre main à M. Piquant, et rien du tout de moi si vous en épousez un autre. (*à Mme. Scrupule*) Et vous, ma petite poulotte, je vous invite, si vous aimez votre nièce, à la rendre plus obéissante ; je me retire pour deux raisons ; d'abord, afin de lui laisser le tems de faire ses réflexions, et ensuite parce que..... je me retire !.....

SCÈNE VI.

Mme. SCRUPULE, MADELON.

MADELON.

Le tems de faire mes réflexions...... Ah elles sont toutes faites.

Mme. SCRUPULE.

Lequel vas-tu choisir, de Piquant ou de Jaunas?

MADELON.

Ni l'un, ni l'autre.

Mme. SCRUPULE.

Tu vas chagriner une tante qui veut ton bonheur.

MADELON.

Vous vous consolerez, et moi si j'épousais un homme que je ne puis aimer, je serais inconsolable.

Mme. SCRUPULE.

Allons, allons, pendant que votre oncle travaille peut-être de son côté, je vais faire prévenir Jaunas qu'il se tienne sur ses gardes (*elle sort*).

MADELON, *courant après.*

Ma tante, ma tante..... Je vous en prie.... N'en faites rien...... (*elle sort*).

SCENE VII.

JAUNAS, CHARLES.

CHARLES.

Eh bien! mon oncle, on s'enfuit quand nous arrivons... Vous me disiez que vous étiez si bien venu dans cette maison.

JAUNAS.

Apparemment que c'est toi qui leur fais peur..... Si nous courrions après?

CHARLES.

Ah bien oui!

Air : *Vaudeville de l'Arthenie.*

Près des femmes on perd ses pas,
Lorsqu'on les poursuit pour leur plaire;
Et, quoique courrier, cher Jaunas,
Vous pourriez rester en arrière.

JAUNAS.

C'est vrai.

Les femmes que nous désirons
Avec le plus de soin s'échappent;
Lorsqu'après elles nous courrons
Ce sont elles qui nous attrapent.

CHARLES.

Ah çà, mon oncle, vous allez donc me présenter au maître de la maison.

JAUNAS.

Tu m'en as prié de si bonne grâce que je n'ai pas pu te refuser.

CHARLES.

Je vous remercie de votre complaisance.

JAUNAS.

Mais qu'est ce qui peut te donner autant d'envie de connaître ce tailleur?

CHARLES.

Apprenez mon secret; je suis amoureux fou de madame Scrupule.

JAUNAS.

Comment, de ma tante future! (*à part*) Il y a là-dessous quelqu'anguille cachée, en manière de quiproquo.

CHARLES.

Soyez certain que le plus grand respect accompagne mon amour.

JAUNAS.

Mais, mon ami, je n'en reviens pas.... Toi amoureux de madame Scrupule..... Et où l'as-tu donc vu?

CHARLES.

Au bal.

JAUNAS.

C'était donc au bal masqué.

CHARLES.

Non, c'était à la Redoute.

JAUNAS.

Ah! rue de Grenelle-St-Honoré, je connais çà.

Air : *Vaudeville d'Angélique et Melcour.*

Cet endroit n'est pas mal nommé,
Ne croyez pas que je plaisante;
Dans ce bal, dont je suis charmé,
La compagnie est séduisante.
Par les amans il est chéri....
Mais, pour bonnes raisons, sans doute,
Moi je connais plus d'un mari
Qui redoute la Redoute.

CHARLES.

Vous êtes prévenu contre ce bal, mon oncle.

JAUNAS.

Non, Monsieur, mais je me rappelle une aventure que j'y ai eu, dont je veux bien vous faire part.... J'y arrive un soir..... j'étais déguisé en chauve-souris.

Air : *De la Psyché* (contredanse), *ou de la Bonaparte* (contredanse).

Dans ce bal j'aperçois d'abord
Une grande foule
Qui roule.
Les violons se mettent d'accord,
Et l'on se pousse encor
Plus fort.
Je vois une jeune femme,
Je lui présente la main,
Je lui déclare ma flamme;
Elle m'écoute, et soudain
En dansant
Je deviens pressant;
Elle balance,
Je m'avance;
Un rival vient m'embarasser;
Aussitôt je le fais chasser :
On danse la galopade,
Et bientôt, selon mes vœux,
Après une promenade,
Nous nous trouvons deux à deux.

Déplacés,
Pressés,
Enlacés.
Bientôt la chaîne
Nous entraîne.
En effet
L'objet
Qui me plaît,
M'enchaîne
Et me rend
Son amant.

CHARLES.

Eh bien, mon oncle ?

JAUNAS.

Eh bien, mon ami, c'est en faisant la chaîne anglaise qu'elle m'a rendu son esclave français. Et la tienne comment qu'elle s'y est prise ?

CHARLES.

Elle s'est démasquée, et j'ai vu les plus beaux yeux....

JAUNAS, *à part.*

Décidément, il est fou..... Et quel âge pouvait avoir ta dulcinée ?....

CHARLES.

Dix-huit à vingt ans .....

JAUNAS.

Oui, s'il y a trente ans que tu as été à ce bal là, c'est bien son âge.

CHARLES, *regardant au tour de la chambre.*

Ah! mon ami, que vois-je..... C'est son portrait.

JAUNAS.

Oui, mais c'est son portrait de la première édition.... et elle est de la seconde à présent.

CHARLES.

Que je suis content que vous m'ayez amené ici.....

JAUNAS.

J'en suis bien fâché, moi.

CHARLES.

Vous allez me présenter à M. Scrupule.

JAUNAS.

Je m'en garderais bien à présent.

CHARLES.

Purquoi donc cela ?

JAUNAS.

Parce que c'est un jaloux, et que s'il découvrait quelque chose, il me ferait un mauvais parti.

CHARLES.

Un jaloux, et de quel droit ?

JAUNAS.

Comment de quel droit.

CHARLES, *à part.*

Parbleu, il est singulier, jaloux de sa belle-sœur, et il y a tant de maris qui ne le sont même pas de leur femme;... mais vous m'aviez promis.....

JAUNAS.

Eh bien je te dépromets..... Retires toi avant qu'il ne te voie.

CHARLES.

Non, je reste.

JAUNAS.

Mais écoutes donc, j'aime mieux le prévenir avant.

CHARLES.

Me promettez-vous de me rendre ce service?

JAUNAS.

Je te le jure si tu t'éloignes tout de suite.

CHARLES.

Dans ce cas, je me sauve. *(Il sort.)*

SCENE VIII.

JAUNAS, *seul.*

Oui, comptes-y! Le plus souvent que je vas favoriser un amour clandestin! et mettre un chapeau comme celui-là sur la tête d'un oncle futur

SCENE IX.

SCRUPULE, JAUNAS.

SCRUPULE.

Comment c'est vous, M. Jaunas? Eh bien êtes-vous toujours amoureux de Madelon.

JAUNAS.

Elle me trotte dans la cervelle, au point que j'en deviens comme un imbécile.

SCRUPULE.

Comment donc; mais on ne s'est pas aperçu de ce changement là.

JAUNAS.

Il est pourtant bien visible! Moi qui était un drôle de corps qui passait pour jovial, votre nièce m'a rendu amoureux comme une bete! C'est vrai!

Air : *Monsieur de Catinat.*

L'amour me suit partout pour mieux me tourmenter,
Même en courant la poste on ne peut l'éviter;

Car, montant à cheval, je croirais fuir sa loi;
Mais l'Amour monte en croupe, et galoppe avec moi.

SCRUPULE.

Vous avez un rival que je protége pour deux raisons.

JAUNAS.

Ah çà, allez-vous reprendre votre refrein habituel? La plupart du tems vos deux raisons sont d'une déraison!

SCRUPULE.

Chacun a son tic, et je garde celui-ci pour deux raisons.

JAUNAS.

Eh bien encor!

SCRUPULE.

Mais qu'est-ce que cela vous fait? A-t-on jamais vu contrarier un homme dont on a besoin? Vous avez un rival, vous dis-je!

JAUNAS.

Et oui, que Madelon n'aime pas.

SCRUPULE.

Un hommme de mérite,.... un négociant....

JAUNAS.

Qui vend au quarteron sur un comptoir d'osier.

SCRUPULE.

Mais qu'êtes-vous donc tant pour faire votre renchéri?

JAUNAS

Je vaux mieux que lui, j'espère.... J'ai deux cordes à mon arc.... Je suis courrier dans les départemens... et marchand de terre jaune à Paris.

SCRUPULE.

J'aurais dû m'en douter à votre livré.

JAUNAS.

Air: *La comédie est un miroir.*

Mon costume est particulier;
Il a dû, j'en suis sûr d'avance,
Vous paraître fort singulier:
On n'en trouve pas deux en France;
Mais par ce moyen là, ma foi,
Je m'attire mainte pratique;
Puisque l'on voit toujours sur moi
L'échantillon de ma boutique.

Allons, M. Scrupule, soyez raisonnable

SCRUPULE.

Impossible, mon cher Jaunas!

(*On entend dans la coulisse*)

V'là l'marchand d'aiguilles ;
Il en a pour les p'tites filles.

SCRUPULE.

J'entends votre rival..... Je vous conseille d'éviter sa présence.....

JAUNAS.

Bah! je ne le crains pas!

SCÈNE X.

SCRUPULE, PIQUANT, JAUNAS.

PIQUANT

Vous me voyez, beau-père, toujours dans les mêmes résolutions.... Je viens voir si le contrat qui doit assurer ma félicité, avec mademoiselle Madelon, est monlé tout au long dans l'écriture.

SCRUPULE.

Pas encore, M. Piquant, mais cela ne tardera pas.

JAUNAS.

Comme il est pressé : Dis donc, Moineau avec ton hibou, c'est donc toi qui croit épouser Madelon?

PIQUANT.

Est-ce que çà te déplaît benêt; mais voyez donc c'Merle qui m'intitule Moineau.... Est-ce parce que tu ressemble à un serin?

JAUNAS.

Un serin!..... Sans le respect que mon beau-père doit avoir pour moi, je te ferais bien voir que je suis un serin qui a bec et ongles.

PIQUANT.

Tais-toi donc, j'en avalerais quatre comme toi.

JAUNAS.

Air : *Dans la vigne à Claudine.*

M'avaler, tu veux rire,
Apprends que je n'ai pas peur,
Jaunas, s'il faut te le dire,
N'a jamais manqué d'cœur,
Tu cri' à perdre haleine;
Mais je n' tremblerai pas.....
Tu n'es pas la baleine,
Pour avaler Jaunas.

SCRUPULE.

Allons, mon ami, calmez-vous, il n'est pas bien de s'emporter comme vous le faites.

JAUNAS.

Le sang me bout dans les vertèbres, c'est plus fort

que moi, je sors de mon assiette, toutes les fois que je trou veun plat.

PIQUANT.

Air : *J'conviens aecv toi, mignone.*

Il faudra ben qu' tu changes
D'opinion, ma foi,
Crois-tu qu' Madelon s'arrange
D'un camion comm' toi,
Morguienn' elle est trop gentille !
D'aileurs sans t' fâcher,
Par état j' suis, près d'un' fille,
Sûr de t'attacher.

JAUNAS.

Queu malice!.... Mais les accrocs.

PIQUANT.

Les accrocs!.... ça ne m'arrête pas.

SCRUPULE.

Il a raison! On en éprouve de toutes les façons.

Air : *De sommeiller encore.*

On sait que dans le mariage
On n'est pas tous les jours d'accord,
Et que l'on fait dans le ménage
Valoir la raison du plus fort.

PIQUANT.

Ce n'sont là que des p'tites vétilles,
Nous s'rons sûrs de nous accorder,
Couturière et marchand d'aiguilles,
On trouve moyen de s'racomoder.

SCRUPULE.

Ah! voilà votre prétendue..... peut-être vous mettra-t-elle plus d'accord que moi.

PIQUANT.

Elle a l'air bien gaie.

JAUNAS.

C'est qu'elle ne sait pas le trouver ici.

SCÈNE XI.

LES PRECÉDENS, MADELON.

SCRUPULE.

Approchez, ma nièce, il faut sur-le-champ vous expliquer, et faire un choix.

MADELON.

Ce ne sera pas parmi ces deux messieurs toujours.

JAUNAS.

JAUNAS.

C'est cet animal là qui me fait tort, si j'étais tout seul, je serais le plus aimable.

SCRUPULE.

Vous ne vous décidez donc pas en faveur de monsieur Jaunas.

MADELON.

Non, vraiment, il a trop l'air de ce que je ne veux pas que mon mari soit.

JAUNAS.

Je ne m'attendais pas, Mademoiselle, à être reçu de vous comme un chien dans un jeu de domino.

MADELON.

Courez la poste, M. Jaunas.

PIQUANT.

Je croyais, Mademoiselle, que mes attentions et mon amour ne seraient pas perdus, et que de fil en aiguilles vous laisseriez égratigner votre cœur.

MADELON.

Je vous égratignerais plutôt le visage.

PIQUANT.

Vous que je croyais douce comme une colombe.

MADELON.

De l'amour pour vous dans mon cœur; c'est tout comme si vous cherchiez une aiguille dans une botte de foin.

JAUNAS.

Et moi, Mademoiselle, qui suis venu hier de Valogne en diligence.

MADELON.

Eh bien, vous pouvez vous en retourner en vélocifère.

JAUNAS.

C'est peut-être mon costume qui vous déplait.... Mais si je vous épouse, je me ferai faire un habit pour le jour de mes noces, qui ne soit pas jaune.

MADELON.

Non, gardez le vôtre, vrai il vous va bien.

PIQUANT.

Vous êtes plus inflexible que mes aiguilles trempées.

JAUNAS.

Comment cette vilaine figure émigrée du portail de St-Pierre-aux-Bœufs ose encore se proposer après moi... Ce que c'est que l'amour-propre, comme il aveugle les gens.

PIQUANT.

Vous ne voulez donc pas de moi?

MADELON.

Non.

JAUNAS.

Ni de moi non plus?

MADELON.

Non.

SCRUPULE.

Je vois, ma niéce, que je vous ai pris dans un mauvais moment; mais vous me payerez la scène indécente que vous venez de faire.

Air: *Trio du Poëte Satirique.*

A juste titre je vous gronde,
Vous deviez penser, en effet,
Que l'on déplaît à tout le monde
Quand tout le monde nous déplaît.

MADELON.

Monsieur Piquant quoi qu'on en dise,
Ne saurait plaire à Madelon;
Car, excepté sa marchandise,
Il n'a de piquant que le nom.

ENSEMBLE.

C'est avec raison qu'il la gronde,
Elle doit penser, en effet,
Que l'on déplaît à tout le monde
Quand tout le monde nous déplaît.

MADELON.

Après l'Esprit, plein de courage,
Monsieur Jaunas court aujourd'hui.....
En vérité c'est grand dommage
Que l'Esprit court plus fort que lui.

ENSEMBLE.

C'est avec raison { qu'il la / que je } gronde
{ Vous devez / Elle doit } penser en effet
Que l'on déplait à tout le monde,
Quand tout le monde nous déplait.

MADELON.

C'est à tort qu'ici l'on me gronde
Que peut m'importer en effet

Que je déplaise à tout le monde,
Quand tout le monde me deplait.

(*Madelon sort*).

SCENE XII.

Mr. SCRUPULE, PIQUANT, JAUNAS.

SCRUPULE, *à Piquant.*

Viens, mon ami, ce n'est pas son dernier mot.

PIQUANT.

Mais, d'après ce qu'elle vous a dit, ne croiriez-vous pas qu'elle a quenqu'inclination en tête ?

SCRUPULE.

Non, non, elle me l'aurait avoué.

PIQUANT.

Ah dame prenez-y garde.

Air : *Du partage de la richesse.*

Elle a seize ans, elle est jolie
Sans doute elle doit le savoir.
Et puis, malgré la modestie,
Chaque jours on voit son miroir.
Ce dont elle vous fait mystère,
Bientôt doit être dévoilé :
Car fille qui cherche à se taire
Prouve que son cœur a parlé.

SCRUPULE.

Ah non ! allons voir çà ! viens, viens !

PIQUANT.

Adieu, Jaunas, en v'là une que tu n'attraperas pas à la course.

JAUNAS.

Voyez-vous la poêle qui se moque de la casserole.

PIQUANT.

C'est bon je te retrouverai.

JAUNAS.

Oui da, tu vends des aiguilles, mais tu n'as pas le fil.

SCÈNE XIII.

JAUNAS, *seul.*

Me voilà bien avec mon amour, faut que je voye madame Scrupule,

SCÈNE XIV.

JAUNAS, CHARLES.

CHARLES.

Eh bien, mon cher oncle ?

JAUNAS.

Comment c'est encore vous ?....

CHARLES.

Je viens savoir si vous m'avez bien mis dans l'esprit de M. Scrupule,

JAUNAS, *à part.*

Tâchons de l'éloigner. (*haut*) Il ne veut pas entendre parler de vous.....

CHARLES.

Si vous aviez bien voulu, vous m'auriez présenté ; mais je vois qu'il ne me reste plus qu'un parti à prendre.....

JAUNAS.

Celui de t'en aller.

CHARLES.

Non celui d'écrire.....

JAUNAS.

Tu as tort, ce n'est pas prudent d'écrire aux femmes ; Sais-tu ce qui m'est un jour arrivé.

Air : *J'ai vu par tout dans mes voyages.*

Pour peindre mon tendre martyre,
Je m'avise, à ma belle, un jour,
En secret de vouloir l'instruire,
Par un poulet, de mon amour.....
Voyez le trait de la cruelle
En lisant sur l'écrit mon nom.
O miracle s'écria-t-elle :
Dans ce poulet est un dindon,

et j'étais le dindon de la fricassée.

CHARLES.

Cela ne me retient pas, et je persiste toujours dans mon projet ; précisément, je vois tout ce qu'il me faut sur cette table.

JAUNAS.

Tu vas écrire ?

CHARLES.

Oui.

JAUNAS.

A madame Scrupule !

CHARLES.

Sans doute.

JAUNAS.

Mais elle a de la vertu.

CHARLES.

Je n'en doute pas, et ma lettre n'aura pour but que de lui présenter mes respects, et de lui jurer une constance éternelle.

JAUNAS.

Ah c'est trop fort, je ny tiens plus. Ça ferait sauter par les fenêtres, et je m'en vas sur ce coup-là!

CHARLES.

Vous vous en allez, mon oncle.

JAUNAS.

Oui. (*à part*) Ne sortons pas d'ici. Il n'y a personne dans la boutique, allons nous y cacher, et attendre le moment de voir Madelon, en lui parlant en particulier, peut-être sera-t-elle moins sauvage; bonne idée!

SCÈNE XV.

CHARLES, *seul.*

Je ne conçois pas mon oncle! Est-ce que par hasard il serait mon rival, et que sans le dire il ferait aussi la cour à ma jolie veuve? N'importe, s'il est mon seul rival, je n'ai rien à craindre; écrivons.

Air : *Avec vous sous le même toit.*

Art divin qu'inventa l'Amour
Pour tromper l'ennui de l'absence,
Viens me seconder en ce jour,
Et soutenir mon espérance;
Lorsque l'on n'entend point sa voix,
Heureux l'amant qui peut écrire.
Mais plus heureux mille fois
Celui qui n'a plus rien à dire.

SCÈNE XVI.

CHARLES, *toujours écrivant*, PIQUANT, *dans le fond du theâtre, et l'épiant.*

PIQUANT, *à part.*

Qu'est-ce que je vois là..... Un homme..... Serait-ce le rival qui nous est préféré?

CHARLES' *écrivant.*

Oui, c'est cela même.

PIQUANT.

Quoi qu'il dit donc ? je n'entends pas.

CHARLES. *écrivant.*

Je vous instruirai de mes projets, charmante veuve, il n'y a plus à reculer.

PIQUANT, *à part.*

Avançons, car je n'entends pas bien.

CHARLES, *écrivant.*

Pourquoi rester sous la dépendance d'un homme aussi bizarre que ce M. Scrupule ?

PIQUANT, *à part.*

Comment ! Est-ce que ce serait un amant de madame Scrupule.... Allons chercher le mari, voilà un moyen de me le rendre plus favorable que jamais.

CHARLES.

Une chose m'embarasse..... Comment lui faire tenir cette lettre..... Eh parbleu il me vient une bonne idée...... Mettons-la sous son portrait..... Je saurai l'en avertir.

PIQUANT, *à part.*

Sous le portrait !.... Bon ; je saurai aussi avertir quelqu'un, et nous nous chargerons de la réponse. (*Il sort*).

SCENE XVII.

CHARLES, *seul.*

Plaçons notre lettre (*il la place au bas du portrait, et le considère*) le joli facteur que j'ai pris là......

Air : *Vaudeville de l'Aveugle supposé.*

J'avais d'abord écrit ma lettre,
Sans m'informer qui la rendrait ;
Mais pouvais-je, pour la remettre,
Prendre un messager plus discret.
Je puis, quand j'écris à ma belle,
Donner ma lettre à son portrait.....
Pourvu que ce soit le modèle
Qui fasse réponse au billet.

SCENE XVIII.

CHARLES, MADELON.

MADELON.

Ils sont partis, je puis maintenant... Eh quoi c'est vous, Charles, vous ici ?

CHARLES.

Pouvais-je résister au desir de vous voir ?

MADELON.

Mais c'est d'une imprudence.

CHARLES.

J'avais mille choses à vous dire.

DUO.

Air : *Du vaudeville de folie et raison.*

CHARLES.

Vous êtes si jolie ;
Ah ! du moins en ce jour
Croyez que la folie
N'a pas guidé l'Amour.

MADELON.

Vous n'adorez qu'une chimère ;
Pourquoi venir en ce séjour,
Puisque vous cherchez à me plaire,
Sans aucun espoir de retour.

MADELON.	CHARLES.
Il me trouve jolie,	Vous êtes si jolie,
Ah ! puissai-je en ce jour	Et je prouve, en ce jour,
Croire que la folie	Que toujours la folie
N'a pas guidé l'Amour.	N'a pas guidé l'Amour.

CHARLES.

Ah ! pour toujours je vous adore,
Ne me privez pas de vous voir ;
Je serai trop heureux encore
Si vous ne m'ôtez pas l'espoir.

ENSEMBLE.

MADELON.	CHARLES.
Il me trouve jolie, etc.	Vous êtes si jolie, etc.

MADELON.

Mais voyez donc que je suis bonne, je ne voulais pas vous écouter, et je reste malgré moi.

CHARLES.

Qui peut vous engager à me fuir ?

MADELON.

La prudence ! et j'aurais même bien fait de ne pas vous voir un seul instant.

CHARLES.

Suis-je donc si dangereux ?

MADELON.

Vous n'êtes pas modeste ! Ah il faut vous donner des raisons.

Air : *Vaudeville de Musard.*

Nous ne savons plus nous conduire
Quand l'Amour est notre vainqueur,
Lorsque ce dieu sait nous séduire
On ne répond plus de son cœur.
On court, près de celui qu'on aime,
Trop de dangers avant l'hymen ;
Car bien souvent la vertu même
Lorsqu'elle fuit tombe en chemin.

CHARLES.

Le véritable amour ne va jamais sans le respect.

MADELON.

Mais jugez donc, si l'on nous surprenait ensemble. que penserait-on ?

CHARLES.

N'êtes-vous pas veuve, et votre maitresse absolue ?

MADELON.

Non, je dépends de M. Scrupule.

CHARLES.

Votre beau-frère ! Quels sont ses droits ! Je vous avais écrit, à ce sujet, une petite lettre,....

MADELON.

Je ne dois point la recevoir.

CHARLES.

Pourquoi ? Elle est.....

MADELON.

Ah mon dieu ! La voix de mon oncle ! Il est en colère. Je suis perdue si l'on vous trouve ici.

CHARLES.

Où me cacher ?

MADELON.

Il n'y a que la chambre de ma tante ; entrez-y ; je me sauve dans la mienne.

(*Elle enferme Charles dans un cabinet, et sort*).

SCENE XIX.

Mr. et Mme. SCRUPULE, PIQUANT.

(*Ils entrent par le fond*).

SCRUPULE.

Ma chère épouse je ne suis pas porté à croire le mal... Mais corbleu ! il y va de mon honneur, et je veux éclaircir cela pour deux raisons,

Mme. SCRUPULE.

Mme. SCRUPULE.

Mais, M. Scrupule, il faut que vous soyez fou ! De pareils soupçons sur moi ; mon âge ne doit-il pas vous rassurer ?

SCRUPULE.

Pas trop.

Mme. SCRUPULE.

Mais écoutez donc.

Air : *J'ai vu de Jadin.*

Avec le Tems l'Amour arrive,
Mais l'Amour fuit avec le Tems ;
Pendant leur course fugitive
Pour les saisir soyons prudens.
L'Amour, comme un enfant peu sage,
Fait perdre le Tems chaque jour ;
Mais le Tems nous amenant l'Age
A son tour fait perdre l'Amour.

SCRUPULE.

Vous n'avez perdu ni l'un ni l'autre, à ce qu'il me paraît.

Mme. SCRUPULE.

Mais, mon ami, vous connaissez mes principes.

Mme. SCRUPULE.

Eh bien, mon cœur, votre vertu paraîtra au grand jour..... Piquant, où dites-vous qu'il a caché sa déclaration ?

PIQUANT.

Là, sous le portrait de Madame.

SCRUPULE.

Ah ! c'est là votre boîte aux lettres.

Mme. SCRUPULE.

Pouvez-vous croire de pareils contes ?

SCRUPULE, *prenant la lettre.*

Des contes, femme perfide..... Voilà votre accusateur ! (*lisant*) « Depuis que je vous ai vu au bal, je meurs » d'amour et d'impatience, » Ah vous vous échappez à mon insçu, pour aller au bal ; fort bien Madame.

Mme. SCRUPULE.

Si j'y comprends quelque chose !

SCRUPULE.

Continuons. « Je ne veux pas troubler votre tranquil» lité : on dit que vous êtes surveillé par un vieux » Cerbère..... » Un vieux cerbère !..... C'est moi, cela est clair, quelle insolence !..... Voyons jusqu'au bout. « Mais bientôt, charmante veuve; vous aurez ma » main, comme vous avez déjà mon cœur..».... Veuve...... veuve... Ce Monsieur m'enterre déjà... Mais nous verrons.... Nous verrons....,

Mme. SCRUPULE.

Eh bien, je vois déjà moi!.... C'est un tour qu'on a voulu me jouer, et dont je ne suis pas la dupe.....

SCRUPULE.

Vous cherchez à me rendre la vôtre..... Mais malgré vos vains subterfuges, vous n'y parviendrez pas.

Mme. SCRUPULE

Me croire infidelle; mais, M. Scrupule, vous n'y pensez pas!

Air : *Il pleut, il pleut, bergère.*

Lorsque de la jeunesse
J'avais les agrémens,
Croire que par faiblesse
J'aurais eu des amans,
Cela m'eût fait injure!
Mais, mon cher, à présent,
C'est bien, je vous le jure,
Me faire un compliment.

SCRUPULE.

Je vous le fais, et bien sincère; mais Piquant vous m'aviez dit avoir vu la personne qui écrivait la lettre.

PIQUANT.

Oui, je l'ai vu, faut qu'il soit sorti pendant que j'ai été vous prévenir.

SCRUPULE.

Il ne peut être sorti, puisque la porte de la rue est fermée, et que j'ai la clef dans ma poche.

PIQUANT.

Et il y est peut-être encore, il se sera caché dans la boutique.

SCRUPULE.

Il y serait! Oh il va payer cher son audace! Venez avec moi, madame, venez que sa présence vous confonde.

SCENE XX.

MADELON, CHARLES.

MADELON, *ouvrant sa porte.*

Ils sortent..... Charles, Charles.....

CHARLES, *paraissant.*

Eh bien.

MADELON.

Avez-vous entendu?

CHARLES.

Mais oui; M. Scrupule me croit ici pour sa femme.

MADELON.

Votre lettre a causé son erreur.

CHARLES.

Comment le désabuser?

MADELON.

S'il vous trouve ici ce n'en est pas le moyen.

CHARLES.

Si mon oncle.....

MADELON.

J'entends du bruit, rentrez, je me charge de tout.

SCÈNE XXI.

LES MÊMES, JAUNAS.

JAUNAS.

Ah, mademoiselle, c'est fait de moi! secourez-moi.

MADELON.

D'où venez-vous, M. Jaunas?

JAUNAS.

De la boutique, où j'attendais l'instant de vous voir, et où M. Scrupule, que j'ai entendu jurant comme un postillon en colère, allait me percer, si je n'avais eu le bonheur de m'échapper, j'ai passé entre ses jambes, ce qui lui a fait faire une chûte qui m'a donné le tems de me sauver ici! Mais je ne sais pas ce qu'il a.

MADELON.

Il vous croit amoureux de sa femme.

JAUNAS.

Moi! dieu m'en préserve, vous seule......

MADELON.

Oui, mais il n'est pas tems de raisonner.... Cachez-vous sous cette table, ou craignez sa colère!

JAUNAS.

Il est d'une violence!

MADELON.

Je l'entends.

JAUNAS

C'est fait de moi! (*Il se cache sous la table*).

SCENE XXII.

LES MÊMES, Mr. et Mme. SCRUPULE, PIQUANT.

Mme. SCRUPULE.

Vous voyez bien, Monsieur, que vous n'avez rien trouvé.

SCRUPULE.

Je n'ai pas vu, mais j'ai senti.

Mme. SCRUPULE.

Ce sont des visions!

SCRUPULE.

Visions tant que vous voudrez! J'en aurai le cœur net. J'ai senti un homme, il ne peut être sorti, il faut que je le trouve.

PIQUANT.

Et nous allons chercher partout.

MADELON.

Un homme, dites-vous, mon oncle; mais j'en ai vu un tout-à-l'heure.

SCRUPULE.

Eh bien, ma femme! Et où a-t-il passé, Madelon?

MADELON

J'en ai eu si peur que je n'ai pas bien vu l'endroit; mais c'est ici.

Mme. SCRUPULE.

Eh quoi, ma nièce!

MADELON, *à Mme. Scrupule.*

Soyez tranquille, ma tante.

SCRUPULE, *mettant la main sous la table.*

Ah! si je l'avais sous la main.

PIQUANT, *se baissant.*

Il est à vos pieds.

SCRUPULE.

Comment cela! Serait-ce toi?.....

PIQUANT

Eh non, v'là ses jambes qui passent sous la table. (*Il lève la table*).

(*Jaunas sort de dessous*).

TOUS.

M. Jaunas!

JAUNAS.

Eh bien oui, c'est moi; mais ne me tuez pas sans m'entendre.

SCRUPULE.

Vous vouliez épouser ma nièce, et vous courtisiez ma femme! Je ne m'étonne plus si elle vous protégeait.

JAUNAS.

Mais non!

PIQUANT.

Tu n'auras ni l'une, ni l'autre, de ce coup-là.

SCRUPULE.

Et vous, Madame, je vous renie pour ma moitié; rentrez dans votre appartement.

Mme. SCRUPULE.

Que j'y rentre! Point du tout; je suis curieuse de voir finir cette aventure.

SCRUPULE.

Rentrez-y vous dis-je!

Mme. SCRUPULE.

Je ne veux pas.

SCRUPULE.

Ah parbleu, nous verrons! (*Il ouvre la porte*) Un homme!

Mme. SCRUPULE.

Ah ciel!

JAUNAS.

Charles, ah mon dieu!

SCENE XXIII, et dernière.

TOUS LES ACTEURS.

SCRUPULE.

Nous ne cherchions qu'un homme, en voici deux.

PIQUANT.

Je vas les larder tout de suite.

Mme. SCRUPULE.

Je n'y conçois rien.

PIQUANT.

Eh mais, c'est l'homme qui écrivait la lettre.

SCRUPULE.

Vraiment.

CHARLES.

Oui, Monsieur, c'est moi, je l'avoue, écoutez-moi avant de me condamner : l'amour peut faire commettre bien des imprudences; mais vous vous êtes mépris sur mes intentions..... Ce portrait cachait une lettre, et c'est à son modèle qu'elle était adressée !

SCRUPULE.

A ma femme, et il l'avoue! ah je suis.......

Mme. SCRUPULE.

Comment.

CHARLES.

Qu'une apparence trompeuse ne vous abuse point; Mme. Scrupule est veuve, et.....

SCRUPULE.

Veuve ! Pas encore, Monsieur, dieu merci.....

JAUNAS.

Je savais bien que çà finirait mal!

MADELON.

Point du tout, mon oncle, calmez-vous ! C'est moi que M. Charles aime ici; c'est pour moi qu'il y est venu, et vous auriez dû rougir d'avoir soupçonné ma tante aussi injustement.

SCRUPULE.

Quoi, madame Scrupule, une veuve.

MADELON.

C'est une aventure de bal, je vous conterai cela!

JAUNAS.

Ah coquin,.... c'est elle..... qui.... à la Redoute. Ah! dieu.

CHARLES.

Oui, mon oncle.

SCRUPULE.

Je reviens d'une belle peur,

Mme. SCRUPULE.

Vous êtes bien heureux d'en être quitte pour cela.

SCRUAULE.

Ma foi, messieurs, je crois que le meilleur moyen d'éviter une semblable frayeur est de laisser Madelon à celui qu'elle aime.

PIQUANT.

C'est dur.

JAUNAS.

Ce qui me console, c'est que Piquant ne l'aura pas. Allons, mon neveu, sois heureux, et si tu veux longtems l'être ne fais pas comme M. Scrupule, et ne crois que ce que tu verras.

VAUDEVILLE.

Air : *Du Vaudeville de Théophile.*

Avec prudence
Il faut juger,
De l'apparence
Eviter le danger;
Car, selon qu'on voit bien ou mal,
Un jugement peut vous être fatal.

SCRUPULE.

Parbleu, je croyais entre nous
Avoir le droit de paraître jaloux.
Pour plus d'un mari quel bonheur,
S'il n'en avait, comme moi, que la peur.

TOUS.

Avec prudence, etc.

JAUNAS.

On voit à Paris
Des maris
Se trouver mal
Du lien conjugal.

C'est qu'une femme avant l'hymen
N'est jamais ce qu'elle est le lendemain.

TOUS.

Avec prudence, etc.

MADELON, *au public.*

L'Auteur ne peut voir, sans trembler,
Autour de lui ses juges s'assembler :
C'est qu'il sait que sur ses essais
L'esprit, le goût vont dicter leurs arrêts.
Avec clémence
Il faut juger
Que l'indulgence
Ecarte le danger,
Et qu'aujourd'hui du tribunal
Le jugement ne nous soit fatal.

FIN.

A PARIS, De l'Imprimerie de CAILLAT, rue St-Denis, N°. 28, au coin de celle des Filles-Dieu.

www.ingramcontent.com/pod-product-compliance
Ingram Content Group UK Ltd.
Pitfield, Milton Keynes, MK11 3LW, UK
UKHW020219180726
13838UKWH00005B/2090